ISBN: 978-3-03731-204-9

© 2020 VERLAG BBB EDITION MODERNE AG

EDITION MODERNE, EGLISTRASSE 8, CH-8004 ZÜRICH
WWW.EDITIONMODERNE.CH

TEXTE: MAX GOLDT
GESTALTUNG: STEPHAN KATZ
WWW.KATZUNDGOLDT.DE

KORREKTORAT: WIEBKE HELMCHEN

DRUCK: JELGAVAS TIPOGRĀFIJA, LETTLAND

DER VERLAG DANKT DEN FÖRDERERN DER EDITION MODERNE:
CHRISTOPH ASPER, GABY BASLER-BOLLE, MICHAEL BISCHOF, ZOÉ & DIEGO BONTOGNALI,
THOMAS EPPINGER, BEAT FANKHAUSER, JÜRGEN GRASHORN, CHRISTIAN GREGER, WENZEL HALLER,
BEATRICE HAURI & WERNER BECK, RETO HOCHSTRASSER, HANS-JOACHIM HOEFT, STEPHAN KÖNIG,
CLAUDE LENGYEL, MARIUS LEUTENEGGER, LEIF LINDTNER, TORSTEN MEINICKE, JUAN ORTEGA,
SARA PLUTINO, CHRISTIAN SCHMIDT-NEUMANN, SEQUENTIAL ART ROSTOCK,
SKDZ SCHULE FÜR KUNST UND DESIGN ZÜRICH, HARTWIG THOMAS, RENÉ ZIGERLIG.

DER VERLAG BBB EDITION MODERNE AG WIRD VOM BUNDESAMT FÜR KULTUR MIT
EINEM STRUKTURBEITRAG FÜR DIE JAHRE 2016-2020 UNTERSTÜTZT.

KATZUNDGOLDT

**OHRFEIGE LINKS, OHRFEIGE RECHTS
FLEGELJAHRE EINER PSYCHOTHERAPEUTIN**

EDITION MODERNE

Der beste FREUND Berlins

Ein *Hottie* im Fachgeschäft

Vom SCHEIDEN und SCHWINDEN in buntesten Zeiten

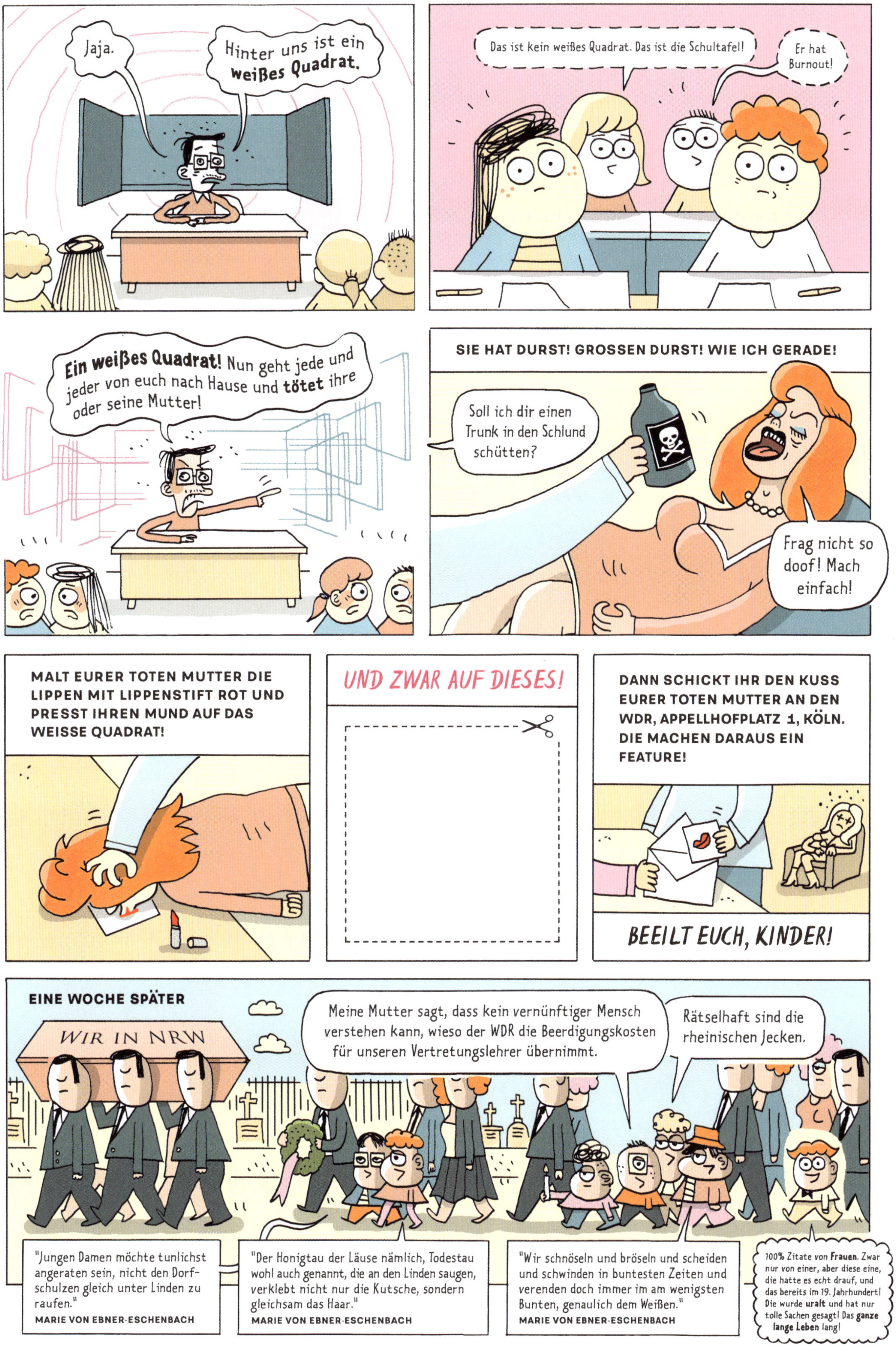

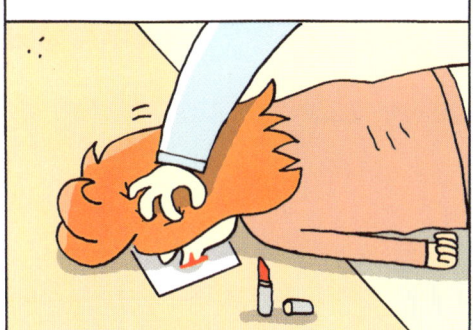

Nachtwanderung

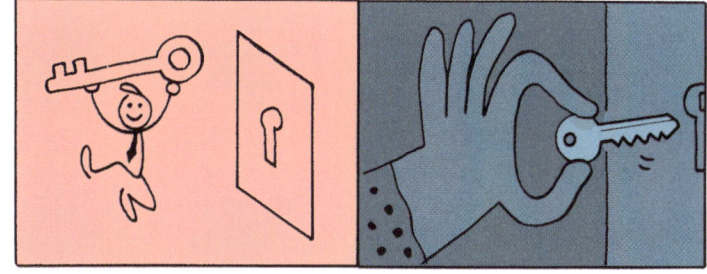

Schicksalsbilder der Neuen Deutschen Welle

Drei HASELNÜSSE im Aschenbecher

Die Pestsäule rät

AUFSTEHEN 1980

Ein Schlichterschicksal

NACH ETWA FÜNF MINUTEN STREIT SCHWÄCHELN DIE INJURIEN ZUNÄCHST, UM ALLMÄHLICH WIEDER FAHRT AUFZUNEHMEN.

Wenn Frauen zu knülle zum Auswandern sind

wenn Frauen zu Knülle sind, schlechtgelaunt zu gucken

ÜBERRASCHUNG

Schick muss man sein, sonst sieht man doof aus.

Die LANGE NACHT der Sprache

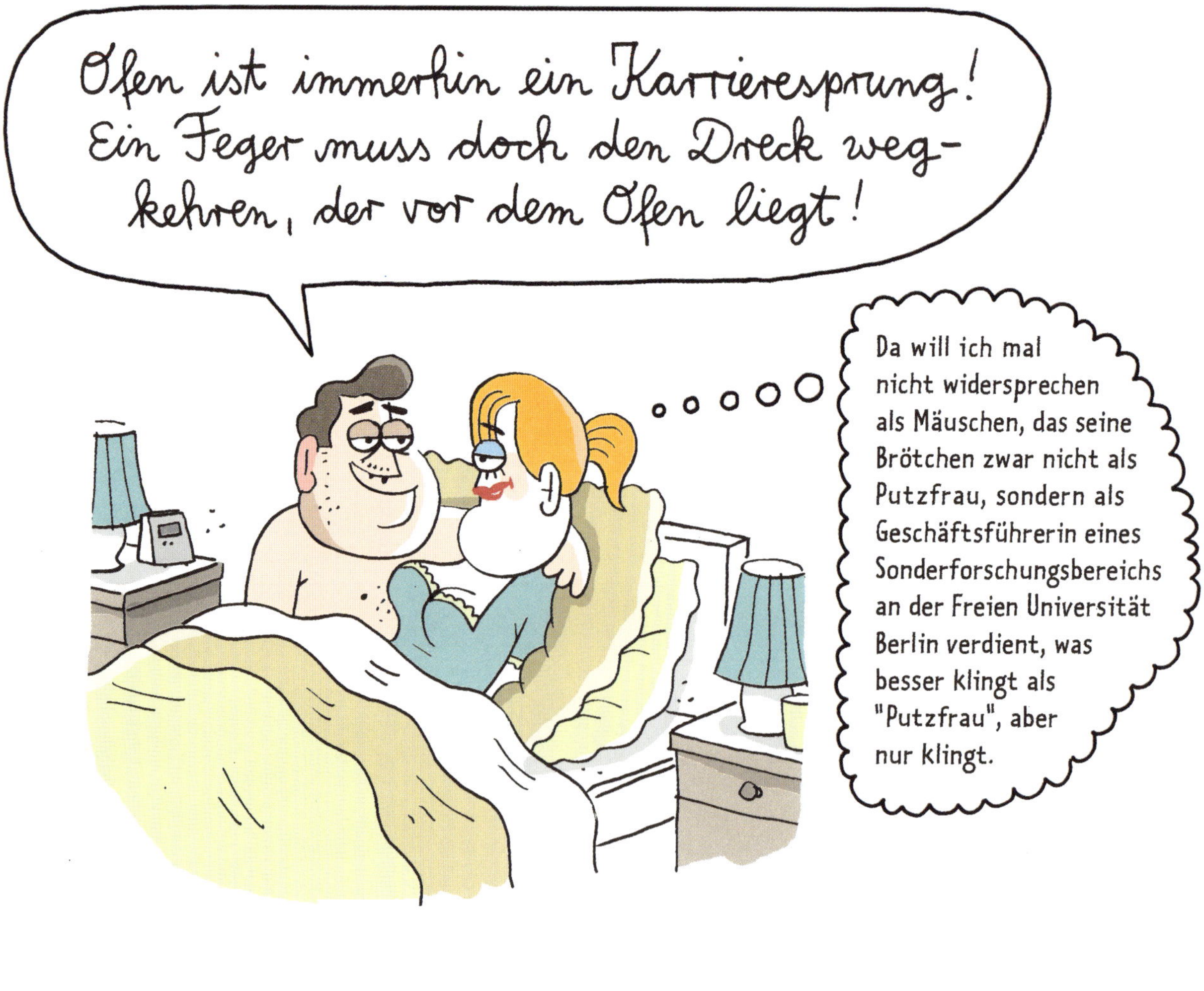

Der SCHWEDE ist alt und der SCHOLLI ist lieb

Panel 1:
- Ich weiß nicht, was meine Freundin genau an der Uni macht. Sie **bündelt** dort irgendetwas.
- Was bündelt sie denn?
- Sie bündelt **Administranzen** oder sowas.

Panel 2:
- Du meinst vielleicht Kompetenzbündelung. Kompetenzen gibt es jedenfalls.
- Kann sein.

Panel 3:
- Ich hatte mal eine Freundin, deren Vater hat Fahrzeugvollverklebungen gemacht.
- Das klingt eher nach Verbrechen als nach Beruf.

Panel 4:
- Kriegt man dann eigentlich überhaupt noch die Tür auf?
- Glaub schon. Aber wenn man eine Fahrzeugvollverklebung durchführt mit Personen im PKW, dann müssen die jämmerlich ersticken!

Panel 5:
- Alter Schwan!
- Nicht Schwan! **Scholli!**

Panel 6:
- Nee: **Schwede!**
- Der Schwede ist alt und der Scholli ist lieb.

Durch's Seitenfensterchen

PARKPLATZ DER CHRISTIANE-VULPIUS-UND-JOHANN-WOLFGANG-VON-GOETHE-UNIVERSITÄT

— Kurbeln Sie mal Ihr Seitenfensterchen herunter, Herr Professor!

— Was gibt's denn?

— Sie haben doch neulich so einen Vortrag gehalten: „Rauschgift vertreibt keine Parkplatzsorgen." Will ich mich inhaltlich gar nicht zu äußern. Sie werden schon wissen, was Sie den jungen Leuten erzählen. Aber wahrer wäre doch eher: Rauschgift **verursacht** Parkplatzsorgen.

— Ja, habe ich denn so verkehrt eingeparkt?

— Nein nein, ganz vorbildlich haben Sie eingeparkt. Absoluter Profi! Und wer wäre ich, zu behaupten, Sie würden Rauschgift nehmen! Wer wäre ich denn?

— Weiß nicht, wer Sie wären. Ich weiß ja noch nicht mal, wer Sie **sind**!

— **Genau!** Wer bin ich denn, Ihnen solche Sachen zu erzählen durchs runtergekurbelte Seitenfensterchen? Ich wünsche Ihnen noch einen wunderwunderschönen Restmittwoch…

— Werde ich haben.

— Und **gaaanz** viele anerkennende Blicke von den Studierendenschaftsvertreterinnen und Studierendenschaftsvertretern! Aber die bekommen Sie ja hinterhergeschmissen als Kapazität.

Kann dann und wann schon vorkommen, dass ich den einen oder anderen anerkennenden Blick hinterhergeschmissen bekomme.
Die Anerkennung sollte sich immer aufs **Fachliche** beziehen. Immer darauf achten: Entscheidend ist das **Fachliche**! Sonst nichts. Aber das wissen Sie ja sowieso in Ihrer Position.
Das wüsste ich auch ohne Position.
In diesem Sinne! Wir verstehen uns!
Der Kollege Möller ist ja neulich von einer Hashtag-Feministin kritisch angemotzt worden. Aber die Tante eben war ja wohl eher freestyle unterwegs.
UNI
Statt freestyle unterwegs könnte man auch sagen: leicht daneben.
Hätte wohl auch nichts gebracht, wenn ich ihr gesagt hätte, dass mein Vortrag keineswegs „Rauschgift vertreibt keine Parkplatzsorgen" geheißen hat, sondern, im Gegenteil, „Rauschgift vertreibt Parkplatzsorgen".
HUP HUP
UNI
Aber eben nur Parkplatzsorgen! Keine ernsthafteren Sorgen!
Das war Tenor meines Vortrags, für den ich in der Tat manch einen anerkennenden Blick zugeworfen bekam! Verdientermaßen!
Aber eines war wirklich genial an der Freestyle-Tante: Die Verbindung von substantiviertem Partizip Präsens mit klassischer Doppeltsagerei!
Das probier ich gleich mal aus. Meine Studi-Dummerchen werden es lieben!
IN DER TAT!
Liebe Studierendenschaftsvertreterinnen und Studierendenschaftsvertreter!
Er treibt die Geschlechtergerechtigkeit in bislang unbekannte Höhlen …
… beziehungsweise Höhen.
Höhlen trifft's besser.

Komm mit, Paula! Wir machen jetzt alle Stand Up Paddling. Schau, da sind diese Bretter, da stellen wir uns drauf und lassen uns fotografieren von den Rentnern, die dann sagen: "Das nennense jetzt Stand Up Paddling oder SUP!"

Mädels, macht ihr mal euer **Stand Up Paddling**. Ich habe doch mein **Body Shaming**! Das füllt mich total aus.

"Ick fühl mir rundrum pummelwohl!" "Und Sie?" "Haben Sie eine André-Rieu-Live-DVD gekauft?"

"Dacht ich's mir doch!"

Der TAUSENDMAUSMANN allein zu Haus

Panel 1: Keine Ahnung. Weiß der Geier.
Hab mich schon oft gefragt, wie das gewesen wäre, wenn ich in der DDR hätte leben müssen oder im Dritten Reich. Wäre ich da in irgendeiner Weise hervorgetreten?

Panel 2: Jetzt lebe ich im **Staatsfeminismus**. „Kann man nicht vergleichen, kann man nicht vergleichen", rufen jetzt alle.
Ich vergleich's trotzdem. Mit was sollte ich denn die Gegenwart sonst vergleichen als mit der Vergangenheit?

Panel 3: Wieso habe ich eigentlich so ein blödes amerikanisches Fenster? Wenigstens bin ich nicht dick. 70 Kilo.
Auf der Gamescom in Köln habe ich mal einem schnuckeligen Mädel von der Zeitschrift „Vice" ein Interview gegeben.
Ich kam mir so alt und schmächtig vor, und da dachte ich: Versuche ich's mal auf die witzige Tour.
Ich sagte: Ihr jungen Frauen mögt doch Mäuse. Eine Maus wiegt 70 Gramm. Ich 70 Kilo, also so viel wie tausend Mäuse. Das müsstet ihr doch „voll süß" finden.
In ihrem Artikel hatte ich dann den Spitznamen „**Tausendmausmann**" weg. Das ging viral. Da gab es Meldungen wie: <u>Tausendmausmann fährt auf seinem Liegerad zum Wochenmarkt und kauft sich hundert Blaubeeren.</u>

Panel 4: Das war auszuhalten. Andere trifft es schlimmer. Ich steig jetzt mal auf die Leiter und hänge meine ergrauten Gardinen ab.

Panel 5: Ich fühl mich unsicher. Ich entferne lieber die Staubflocken unter der Kommode.

Panel 6: Aber ich kann nicht mehr so gut knien. Ich setze mich lieber wieder.

Panel 7: Ich sehe immer Leute im Fernsehen, die noch mit 85 gut knien können, und dann denke ich: Ja, die haben halt Sport gemacht. Yoga wahrscheinlich sogar.

Panel 8: Das habe ich als Game Developer der ersten Stunde natürlich nicht gemacht. Aber jetzt mach ich mir einen Tee.

Ja, jetzt sitze ich hier wieder und ärgere mich über den Staatsfeminismus.

Aber dieser Oolong-Tee ist gut!

Das wusste ich mit 25 zum Beispiel nicht. Dass Oolong-Tee toll ist. Damals habe ich nur Kaffee getrunken, und zwar den allerbilligsten.

DING DONG!

Ist eh nur wieder der DHL-Bote für Frau Dornwald. Was die sich immer alles bestellt! **WEISSE JUNGE FRAUEN HALT.** Sehen die ganze Menschheit als ihre Dienstbotenschaft an.

Kenne ich überhaupt noch junge Frauen persönlich?

FRAU DORNWALD ETWA?

Hi! Könnte es vielleicht sein, dass Sie ein Paket für mich haben?

Für Sie doch jederzeit. Immer gern. Ich bin ja eh immer zu Hause.

Man müsste eigentlich mal öffentlich darlegen, dass ich mich mit den 70 Gramm geirrt habe. Eine wildlebende **Hausmaus** wiegt lediglich 20 bis 25 Gramm. **Labormäuse** und **Liebhabermäuse** jedoch erheblich mehr. Ich wiege ungefähr soviel wie 3000 wilde Mäuse bzw. 1500 bis 2000 Liebhabermäuse. Aber ob ich durch diese Richtigstellung meinen Spitznamen loswerde?

Andererseits haben andere noch viel schlimmere Spitznamen gehabt. Curd Jürgens hieß „Der normannische Kleiderschrank", Kristina Söderbaum „Die Reichswasserleiche" und Maria Schell galt als „Meisterin des Lächelns hinterm Tränenschleier".

Verglichen damit geht doch „Tausendmausmann".

In Anerkennung meiner wiederholten Nachbarschaftsdienste könnte mir die reizende Frau Dornwald ruhig einmal eine kleine Plüschmaus schenken. Curd Jürgens sind von seinen Anhängerinnen bestimmt ständig kleine **Spielzeug-Kleiderschränke** geschenkt worden.

Aber diese verdammte Frau Dornwald weiß überhaupt nicht, wer ich bin!

Das Problem beim Älterwerden ist ja, dass man das Gefühl hat, sich beeilen zu müssen, um noch was zu erleben. Und dann beeilt man sich – und erlebt gar nichts.

SCHMECKT'S?

Schmeckt krank und hässlich!

Schmeckt weder nice noch fresh!

FUMP!

Aber erst Weihnachten aufmachen!

LEHRE: Lieber dem Wirt was geschenkt als den Magen verrenkt.

FLAMMKUCHEN

Panel 1: (Delphi theater, "Die Urologin" with Sandra Hüller and Matthias Brandt)

Panel 2:
- German, English?
- English, please.
- Anything to drink?
- A beer would be nice.

Panel 3:
- Big, small?
- Big.

Panel 4: (thought) Komisch, **dass** Kellner das Wort „oder" nicht mehr sagen. „Kaffee, Tee?", „Englisch, Deutsch?", „Groß, klein?" – alles immer ohne „oder".

Panel 5:
- I wonder what „Flammkuchen" is.
- It's like a pizza, but thinner, and it's not round, but rectangular. In East Germany they also had rectangular pizza. It was called **Krusta**, but it died when the wall collapsed.

Panel 6:
- So it's like a dead rectangular pizza that survived the collapse of the wall?
- No, it's from Elsass, the formerly German-speaking part of France. Maybe you know Albert Schweitzer. He was from Elsass.
- Yes, we know him.
- He taught the African children to play cello, didn't he?

Panel 7:
- You speak very good English by the way.
- **Thank you!** By the way, there are people in Germany who think it's racist to say to somebody: You speak good German.

Panel 8:
- This weird guy is really getting on my tits.
- I wish we could be somewhere else.

Panel 9: UND PROMPT IST MAN WOANDERS
- Was entsteht denn da schon wieder für ein ödes Bauwerk?
- Eine Behörde, in der sich Leute mit Migrationshintergrund beschweren können, denen jemand gesagt hat: Sie sprechen aber gut Deutsch.

Panel 1:
— Wozu das denn?
— Die Stadtverwaltung meint wohl, man dürfe die Larmoyanz nicht dem Internet überlassen.

Panel 2:
— Holla, holla! Sie sind wohl einer, der kein Blatt vor den Mund nimmt! Sind Sie mutig oder sind Sie von der AfD?
— **Pfui Spinne!** Ich meine bloß, dass sich kein vernünftiger Mensch über eine solche Bemerkung beklagen sollte, weil Angehörige jeder gesellschaftlichen Gruppe irgendwelche Sätze kennen, die sie einfach nicht mehr hören können.

Z.B. PHYSIOTHERAPEUTEN
— Ist das nicht eklig, jeden Tag wildfremde Menschen zu begrabbeln?

SCHRIFTSTELLER
— Wo tanken Sie Ihre Inspirationen?
— Und davon kann man leben?
— Meine Mutter schreibt auch. Können Sie vielleicht mal einen ganz ganz kurzen Blick auf ihr Manuskript werfen?

BETREIBER INFORMELLER GASTRONOMIE
— Sag mal, könnt ihr Betreiber informeller Gastronomie nicht mal irgendwas anderes anbieten als diesen ewigen Flammkuchen?

ZURÜCK BEI DER BAUSTELLE
— Hätten Sie vielleicht Lust, mit mir gemeinsam das überflüssige Bauwerk in die Luft zu jagen?
— Hätte ich!

Panel: WUMM!

DANACH, IM SCHÜTZENDEN GEBÜSCH KAUERND
— Ich fühle mich wie ein Kind nach einem Klingelstreich.
— Ich mich auch. Dabei war das eben voll der **Terrorismus**!

— **Diesen Unterschied kennen heute viele nicht mehr!**
— Stimmt leider.

Wie findest du das Mahnmal für die bisherigen Opfer bewaffneter Konflikte des 21. Jahrhunderts?

Hinstellen würd ich's mir nicht, allein schon wegen des deprimierenden Wortes „bisherig".

Facts bei die Fische

Panel 1: Donald Trump hat neulich einen Tweet abgesetzt, der mit einem Wort begann, das wie ein Titel von den **Cocteau Twins** klang.

Panel 2: Du meinst "Oomingmak"? — Nein.
Du meinst "Fotzepolitic"? — Nein!

Panel 3: Du meinst "Funkelklops"?
Diesen Song kenne ich gar nicht.

Panel 4: **Tja.** Kennst halt nicht alles! Den gibt's nur auf einem ganz seltenen Demo, was nur in Japan veröffentlicht wurde, aber nicht in ganz Japan, sondern nur auf der Insel Okinawa.
Haben die da eigene Plattenlabel auf Okinawa?
Wüsstest du wohl gern!

Panel 5: OK, ich verrat's dir: **Ja, hamse!** Aber nur für Mini-Disks und DAT-Kassetten.
Nun aber mal ganz konkret, Facts bei die Fische: Mit welchem Wort begann denn nun der Tweet des POTUS?
Mit "Unbeknownst".
Herrlich! Ich höre direkt die Stimme von Elizabeth Fraser!

Ob *LARA, LENA* oder *LEA*: Raus mit euch!

BASIEREND AUF REALEN VORKOMMNISSEN IM „HAUS DES RUNDFUNKS"

Dies ist unser heutiger Gesprächsgast: **Max Gulli.***

Oh, wie nett! Ich bin schon seit 1982 ein riesiger Max-Gulli-Fan.

*) ZUR VERMINDERUNG DER SELBSTREFERENZIALITÄT WURDE DER NAME GEÄNDERT.

So, Lara. Da kannste dich hinsetzen und unseren Mitarbeitern auf die Finger schauen. Kannst auch jederzeit Fragen stellen.

Und der Gesprächsgast wird nicht gefragt, ob er es gut findet, wenn ihm ein Schulkind im Nacken sitzt, während ihm Fragen gestellt werden?

Ja, würde Sie das denn stören?

Ja, das würde mich stören.

Hatten wir hier noch nie. **Noch nie!** Wirklich noch nie.

Sorry. Ich möchte einfach nur gefragt werden.

Ganz wie Sie wünschen!

Aber diesen Fall hatten wir hier wirklich **noch nie.** Ich bin seit **dreißig Jahren** Mitarbeiter des RBB, aber so etwas habe ich **noch nie** erlebt.

Jetzt habe ich aber die „Arschkarte" gezogen.

Wieso verwende ich denn jetzt diese fürchterliche Fußball-Metaphorik?

Der Redakteur hasst mich jetzt. Und die Mischpultdame erstmal.

Ist egal. Im engeren Sinne „beliebt" war ich ja noch nie.

DAS INTERVIEW WIRD TROTZDEM „DURCHGEZOGEN"

Wie sehr war das eine bewusste Entscheidung, von der Musik zur Literatur zu gehen?

Eine unbewusste war's natürlich nicht. Man wechselt doch nicht das Genre, nachdem man bewusstlos geschlagen wurde.

Was macht das mit einem, wenn man vierzig Jahre später in den Keller geht und man findet eine halbverschimmelte Truhe voller unveröffentlichter Schätze auf DAT-Kassetten?

Die Truhe war nicht verschimmelt, und es waren auch eher einige Blechkästen, und die standen nicht im Keller, sondern …

Muss man auch erklären heute, was eine Truhe ist und was DAT-Kassetten. Die jungen Leute kennen ja nur noch Streaming-Dienste.

Das Wort „Dienst" finde ich in diesem Zusammenhang beinahe obszön.

Als wie sehr aus der Zeit gefallen würden Sie diese Antwort bewerten?

EINE STUNDE SPÄTER

Die John-Peel-Session war okay. Der Tontechniker war ein ehemaliges Mitglied von „Mott the Hoople", aber die Band ist ja eher Fachwissen heute. Hinterher waren wir noch in „The Vine Bar", wo John Peel immer alle hingeschleppt hat, und dann kam ein Mitglied von Nick Cave's Band „The Birthday Party", und der hat dann auch das Polaroid gemacht, was in meinem Booklet ist, und dann …

Da braucht man ja 'ne Lupe!

Ja, schon, aber wie geht man damit um, wenn man eine riesige verschimmelte Truhe im Keller zu stehen hat? Was macht das mit einem? Macht es da plötzlich Klick und man denkt: Okay, ich gehe jetzt mal runter in den Keller?

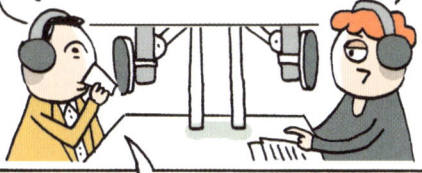

Wenn die Frage immer wieder kommt, geht man halt irgendwann in den Keller.

Und dort entdeckt man was?

Sein Leben.

GESCHAFFT!

Ging so, trotz „Arschkarte".

Ist dann ja doch noch ein Super-Gespräch geworden.

Ich möchte mich bei Ihnen für die faire Gesprächsführung bedanken. Ist nicht überall so.

DANN JEDOCH …

Das fand ich so schön von Ihnen, dass Sie sich gegen die Anwesenheit der Schnupperschülerin gewehrt haben. Ich fand das immer gemein, dass man da nie gefragt wird. Mich haben die immer gestört! Ich bin seit dreißig Jahren beim RBB, und so etwas Kollegial-Solidarisches habe ich nie erlebt.

Sogar ich fand's ein klitzekleines bisserl mutig.

Was hätte der steinerne Gast auch aus meinen Antworten lernen sollen?

Bevor ich meiner Wege gehe, erzähle ich Ihnen eine Geschichte von vor zwölfeinhalb Jahren.

Vor zwölfeinhalb Jahren! Solche Kaliber haben halt einen weiteren Lebenshorizont als unsereiner!

ES JUCKTE, ES ZWIEBELTE. ICH MUSSTE ZUM ARZT.

Das Ohr

Wer ist sie denn?

Eine **Schnupperschülerin** vom Ricarda-Huch-Gymnasium! Sie haben doch sicher nichts dagegen …

Doch! Hab ich!

Lea, du hast gehört!

Lena!

Sehr interessant. Einen solch sonderbaren, von drolligen Wucherungen befallenen Penis habe ich selten gesehen.

Da hätte Lea schön was zu erzählen.

Lena!

Man schnuppert nicht nur, sondern **horcht** auch!

Wie das wäre

wenn Kinder den Erwachsenen beim Anorakzumachen helfen müssten

> WAS DIE GRÖSSENVERHÄLTNISSE ANGEHT, IST DAS SEHR VERNÜNFTIG.

> DAS BÜCKEN IM ALTHERGEBRACHTEN FALL WAR IMMER SEHR LÄSTIG.

Ich habe neulich meinem 13-jährigen Sohn in der Badewanne die Haare gewaschen.

UND: IST SEIN GLIED BEREITS VOLL AUSGEFORMT?

Doch nicht _die_ Haare!

Vom BOOMERANG zur Drohne

"BOOMERANG KIDS" NENNT MAN JUNGE MENSCHEN, DIE MIT 18 VON ZU HAUSE AUSZIEHEN UND MIT 22 WIEDER EIN.

Kindchen! Was war denn **so schlecht** an Berlin?

Die Miete war so teuer und die Blicke so sexistisch.

Ach je. Und noch?

Dieses Rumlaufen mit Bierflasche in der Hand in der Gegend am Schlesischen Tor, das war auch anstrengend. Denn wenn man in der einen Hand sein Phone hat und in der anderen eine Bierflasche, weiß man gar nicht, wie man sich kratzen soll.

Warum musstest du dich denn **kratzen**?

Wenn man keine Hand frei hat, hat man immer das Gefühl, das man sich kratzen muss, und zwar an den unmöglichsten Stellen. Erspar mir bitte weitere Details. Fragt einfach mal einen Gekreuzigten!

Versteh schon. Aber wie lange willst du denn bleiben?

Das könnt ihr bestimmen, Mom und Paps!

Du darfst natürlich so lange bleiben, wie du willst! Aber weißt du, auch dein Vater und ich haben **Pläne**.

Wir haben uns nach einem Häuschen umgesehen und bei einer Objektbegehung ein schönes Objekt am Dümmer gefunden.

Doch an einem solchen See gibt es abends viel zu wenig Action für junge Menschen. Da wirst du dir vor lauter Stille den ganzen Körper blutig kratzen!

Werd ich bestimmt nicht!

STEPHAN KRATZ BZW. **KATZ**

Diese Mutter eines Boomerang Kids ist offenbar keine **Helicopter Mom**. So nennt man Frauen, die ihre Kinder auf eine Weise umkreisen, die an Hubschrauber erinnert, die über einem Unfall oder einem Rockkonzert fürsorgliche Runden drehen.

ES GIBT AUCH HURRICANE MOMS.

TOK TOK TOK

Unter dem Vorwand einer Wirbelsturmwarnung vernagelt meine Mutter jedes Wochenende das Haus, damit ich nicht in schlechte Gesellschaft gerate.

DARÜBER HINAUS GIBT ES NOCH FOLGENDE HERREN:

STEPHAN NATZ
SPRECHER DER BERLINER WASSERBETRIEBE

STEPHAN DATZ
VERBRECHER AUS WISCONSIN

STEFAN BATZ
PHYSIOTHERAPEUT AUS LAUF AN DER PEGNITZ

STEPHAN GATZ
EXPERTE FÜR WINDENERGIE

... UND DIESE BEIDEN:

Schön, mal wieder ohne klammernde Kids und Frauen mit hubschrauberartigem Kümmerfimmel im Wirtshaus zu sitzen.

Aber diese Drohnen, die den Gästen Feuer geben, sind ein lächerlicher Gag. Da lob ich mir jede Frau mit Kümmerfimmel.

BSSSS BSSSS BSSSS

Ich mag einfach frische, technikaffine Ideen in der Gastro. Guck mal, wie praktisch das ist.

Bssssssssss

Blödes Ding!

Verbreitet nichts als Hektik im Gastraum!

BSSSSSSSSS

BSSss

Mein Mund, mein Mund! Tut weh, tut weh!

SWOOSH!

Stell dich mal nicht so an. Technik muss man willkommen heißen und nicht „blödes Ding" nennen. Ist doch klar, dass die Drohne dann sauer ist.

Die Kunstszene feiert den 60-jährigen Künstler

DANKE FÜR DIE AKKOLADEN. DOCH TROTZ MEINER SECHZIGJÄHRIGKEIT KANN ICH DAS WORT "KUNSTSZENE" NOCH IMMER NICHT AUSSPRECHEN.

WIR SAGEN EIGENTLICH AUCH IMMER **Kunz-Zene.**

WIE **Kunst-Zähne** HALT. WIR SIND JA ALLE IM IMPLANTATS-ALTER.

Wohl den Angehörigen der Kunstszene, die sich Kunst-Zähne leisten können!

Kleine Dental-Reimerei

WAS IM TEICH DIE *SCHWÄNE*, SIND IM MUND DIE ZÄHNE.

SCHWARZE SCHWÄNE GIBT ES AUCH. DRUM MEIDE ROTWEIN, TEE UND RAUCH.

JEDER ZAHN SEI EINE *PERLE*! ZAHNÄRZTE SIND NETTE KERLE.

DIE MACHEN AUCH GERN *PROPHYLAXE*. WENN'S WEHTUT, FÄHRT MAN MIT DER TAXE.

IST DER *SCHMERZ* NICHT GAR SO SCHLIMM, FÄHRT MAN MIT DER LIEBEN BIM. SO HEISST DIE STRASSENBAHN IN WIEN, TRAM HINGEGEN IN BERLIN.

Wer aus dem FENSTER schaut

Verflixt! Stalker!

In meiner Vorstellung sind Stalker vereinsamte Einzelpersonen, aber offenbar gibt es mittlerweile auch kriminelle Clans, die gemeinsam stalken.

Was redest du da wieder Schönes, mein Liebling?

Guck doch mal!

Menschen, die an einer Bushaltestelle stehen. Eine sogenannte temporäre Wartegemeinschaft!

In unserer Straße gab es noch nie eine Bushaltestelle.

Jetzt, wo du's sagst: Stimmt, es gab nie eine. Vielleicht drehen sie einen Film.

Ach geh! Siehst du hier irgendwo ein Filmteam? Eine Cateringbude? Einen Schminkwagen?

Nein.

Italienischer Geheimdienst!

KLAP! KLAP!

Ho detto che non abbiamo bisogno di gente insoddisfatta! Abbiamo bisogno di persone che possono rapidamente piegare una panchina da giardino o una fermata dell'autobus senza inciampare!

Was hat er gesagt?

Soweit ich das durch unser Doppelfenster verstehen konnte: Sie hatten Leute angefordert, die in Sekundenschnelle eine Bushaltestelle zusammenklappen können, ohne zu stolpern.

Betrifft uns zwar nicht, aber rätselhaft ist es, **und zwar sowas von.**

Lass uns zu Bett gehen.

Wir können doch nicht wegen jeder klitzekleinen Rätselhaftigkeit zu Bett gehen!

Dann bleiben wir halt wach. Aber aus dem Fenster schauen wir so bald nicht mehr!

Was meinst du, warum die Leute so erpicht darauf sind, den ganzen Tag auf Monitore zu starren? Wer aus dem Fenster schaut, sieht Dinge, die er nicht versteht.

Du verallgemeinerst.

"Gunn Dach!"

Er sieht nicht gut aus. Das Leben hat ihm übel mitgespielt.

Aber dass er nicht das ewige elende „Hallo" verwendet, sondern mit seinen bescheidenen Mitteln zumindest versucht, „Guten Tag" zu sagen, das nimmt ihn für uns ein.

Oder das nimmt uns für ihn ein? Wie heißt das denn richtig?

Oh, die Redewendungen!
Sie entgleiten uns, sie entschwinden!

Ein angenehmes Telefongespräch

BEI HERRN STRICKER IM VERLAG HÖRBUCH HAMBURG KLINGELT DAS GUTE ALTE FESTNETZTELEFON.

DÜDEL ♪

— Spreche ich mit Herrn Stricker von Hörbuch Hamburg?

— Ja.

— Ist es wahr, dass Ihr Verlag plant, im Herbst die gesamte Berichterstattung des Deutschlandfunks zum Thema Corona-Krise auf einer **25.000** CDs umfassenden Deluxe-Edition herauszubringen?

— Nein!

— Danke für die Auskunft. Hätte ich mir beinahe auch denken können. Aber es ist immer geil, Informationen aus erster Hand zu erhalten.

— Geil?

— Naja, Sie wissen schon: Angenehm halt, nützlich, befruchtend, sinnvoll und so weiter.

— **Verstehe.** War ein sehr angenehmes Gespräch.

— Fand ich auch.

So! Jetzt könnse ab in den Keller

Panel 1: Überall ist's jetzt wie Braunschweig am Mittwoch. Mir hat nämlich mal ein dortiger Taxifahrer erzählt: „**Braunschweig ist mittwochs am totesten**". Da dachte ich: „Cooler Satz! Werd ich irgendwann mal zitieren".

Im Internet sind wir weiter für Sie da!
AUFGRUND DER AKTUELLEN LAGE

Panel 2: Was könnt ich denn noch so denken in meiner einsamen Lage? Mal gucken, was sich gedanklich heranschleicht.

IN ANBETRACHT DER DERZEITIGEN SITUATION

Panel 3: Alten Menschen Essen vor die Tür stellen. Alten Ärzten **Stuhlproben** vor die Tür stellen. **Bäh!**

Panel 4: Hauptsache ist: **Kein Corona-Tagebuch schreiben.** Sollte die Verlagsbranche die Krise überleben, wird sie spätestens an den vielen Corona-Tagebüchern zugrunde gehen. Die wird kein Mensch lesen wollen. Steht doch überall das Gleiche drin!

Panel 5: Fünf Frauen stehen an für Wimpern-Booster. Oder für Oberschenkel-Straffungsspray auf Basis hochwertiger Macadamia-Elixiere.

ROSSMANN

Bzw. nach Ansicht der neuerdings viel zitierten Johns-Hopkins-Universität **sechs** Frauen. Die hat ja immer andere Zahlen.

Panel 6: So, jetzt kommt eine raus, eine geht rein, aber gleichzeitig stellen sich zwei neue hinten an. Eins zu null für die Johns-Hopkins-Universität.

Doch jetzt besorge ich mir meinen Rumlatsch-Kaffee.

Panel 7: Wenn ich wieder herauskomme, sage ich meinen **derzeitigen Lieblingssatz**.

ROTTERDAMSE COFFEE-ONKEL
NUR 1 PERSON

Panel 8: UND SO

So! Jetzt könnse.

Danke schön!

„So! Jetzt könnse". Das sage ich immer, wenn ich aus einem Geschäft mit Zugangsbeschränkung komme. Und alle freuen sich! Sogar die jungen Türkenschränke!

Das Einzelwort der Zeit ist allerdings „noch": NOCH hält man's doch aus. NOCH darf man spazieren gehen. NOCH haben die Leute am Telefon was zu erzählen.

Frau Hübner aus Wien hat mir gestern Folgendes erzählt.

SIE HABE ZU IHREM BESTEN LIPPENSTIFT GEGRIFFEN UND SICH GENUSSVOLL ANGEMALT.

Ich will vor dem Inkrafttreten der Maskenpflicht **noch ein letztes Mal** diesen prachtvoll leuchtenden Mund meinen staunenden Mitwienern präsentieren.

ALS SEI SIE Mary Poppins UND KÖNNE UNS RETTEN.

Frau Hübner hat nicht nur einen leuchtenden Mund, sondern auch ein **Festnetztelefon**. Da kann man ohne Weiteres eine Dreiviertelstunde ohne Missverständnisse telefonieren.

Ich bin nicht der Typ, der aus Krisen was lernt, aber eines habe ich gelernt: Smartphones sind für längere Genuss-Telefonate mungeeignet.

Mensch, Leute! Holt doch endlich mal eure alten Festnetztelefone aus dem Keller!

Denkt doch mal an uns Ältere, die wir ein anderes klangliches Niveau gewohnt sind. Wir haben seinerzeit ja sogar unsere LPs nass abgespielt!

Aber achtsam sein bitte! Nicht die Kellertreppe hinunterpurzeln! Knochenbrüche wollen wir unserem medizinischen Personal nicht auch noch zumuten.

HOLT EUCH DOCH MAL MEINE CD "DIE MAJESTÄTISCHE RUHE DES ANORGANISCHEN". DA IST IM HIDDEN-TRACK-BEREICH EIN ZEHNMINÜTIGER FESTNETZ-ANRUF VON TEX RUBINOWITZ DRAUF. KLINGT GROSSARTIG!

GIBT'S DAS AUCH AUF SPOTIFY?

Der BRIEFTRÄGER und die Gebändigte

Äußerst befriedigend, was man jetzt alles wieder darf.

Und was man demnächst alles wieder darf, könnte auch interessant sein. Hehe. Das „Hehe" bitte streichen, Sonja.

Würde ich sagen, wenn ich eine Sekretärin namens Sonja hätte. Hab ich als Solo-Selbständiger natürlich nicht.

Niedlich, was so rumläuft auf unseren deutschen Straßen. Auch wenn man mit dieser Art Mensch eigentlich nie ins Gespräch kommt.

Man müsste sich einfach mal Getränke liefern lassen und sagen: „Ach, Herr getränkeliefernder Migrantenboy, meine Wohnung ist so klein – der einzige Platz, wo die Getränkekisten Platz haben, ist direkt neben meinem Bett. Würden Sie vielleicht …"

Hihi!

Würde er vielleicht sagen: Ich fick nur Weiber mit großen Wohnungen.

Hässlich, was man so denkt, wenn man nur denkt und nicht tippt.

Bei vielen funktioniert diese **Denk-Tipp-Sperre** allerdings nicht mehr. Bei mir schon noch. Ich will ja vorwärtskommen, und zwar nicht in einem popfeministischen Utopia, sondern in der Gesellschaft, wie sie nun einmal ist.

3 MINUTEN SPÄTER

Der ist doch erst vor drei Minuten in die entgegengesetzte Richtung gegangen!

Wollte vermutlich etwas in den Briefkasten werfen und hat dann gemerkt, dass er den Brief zuhause liegengelassen hat!

Ist mir auch schon passiert. Da denkt man: Was man nicht im Kopf hat, hat man in den Beinen.

Aber ob dieser Migrantenboy mit dem Schatz unserer altvertrauten Redensarten etwas anfangen kann?

DIESER HERRLICHE KAFFEE!

Kaffee! Seit 44 Jahren bin ich eine absolut begeisterte Kaffeetrinkerin. Jeder Schluck Kaffee schockt und schüttelt mich.

Geschmacklich einfach absolut **top!**

Yeah! Top!

Panel 1:
- Ist er offenbar nach Hause gegangen und hat den Brief geholt. Vernünftig!
- Hat er halt eingesehen, dass er einen Fehler gemacht hat.
- Würd mal sagen, selbst der Allerdöööfste verdient **„ne zweete Schangse"**.

„Möbel" heißen zwar auf estnisch „Mööbel", aber nicht „Möööbel".

Panel 2:
Ich möchte leben! Ich möchte beben! Ich möchte Rohrdommeln trommeln hören!

Panel 3:
- **Kaffeetrinken! Leben! Beben!** Dahinschweben auf einer Wolke sahneartigen Glückes!
- Vor ein paar Minuten fand ich sie klasse. Aber wie sie jetzt dasitzt, geht mir auf den Geist.

Panel 4:
- Sahneartigen Glückes! Was für ein fantastischer Genitiv!
- Eben nicht einfach „Glücks", sondern „Glückes".

Panel 5:
- Hat wohl den Briefkasten nicht gefunden!
- Ich könnte ihm ja sagen, wo der Briefkasten sich befindet, aber diese Sorte Mensch kennt ja kein Pardon.

Panel 6:
- Hübscher Schrank, klar. Aber möchte ich seine Familie kennenlernen? Halbverschleierte Kühe, die an Fliesentischen sitzen und Salate aus den allerbilligsten Zutaten fressen? Ach, ich möchte nicht sagen: fressen. „Fressen" klingt so … weiß nicht wie!
- Irgendwie unfreundlich!
- Ich weiß meine miesen Seiten zu bändigen. Und das erfüllt mich mit Stolz.

Panel 7:
- Jetzt geht sie. Jetzt geht sie und erlebt irgendwas Kaputtes oder Wahnsinniges.
- Warum sollte ausgerechnet diese vernünftige Dame etwas **Kaputtes** oder **Wahnsinniges** erleben?

Panel 8:
Gebändigt und stolz werfe ich mich den Schränken des Glückes an die Brust. Ich missachte die Briefe des Schicksals, ich verneine die Regeln des Deutschlandfunks. Ich bin Frau, ich bin Vulkan und finde alles, was ich denke, lebens-, lobens- und liebenswert und sage niemals „Fuck".

Ist so, Honey!

NACH HAUSE GEHEN, SCHLÜSSEL INS DINGS STECKEN, KISSEN AUFRÜTTELN, E-MAILS VON ELSE ANGUCKEN, E-MAILS VON EASYJET LÖSCHEN, ASCHENBRÖCKEL VOM COMPUTERTISCH WISCHEN, IM KÜHLSCHRANK GUCKEN, OB NOCH HARZER KÄSE DA IST, VASELINE AUF DIE AUGENLIDER SCHMIEREN, E-MAILS VON ELSE LÖSCHEN, UND DANN...

AM ENDE DANN FRIEDEN.

Ein Neunmalkluger erläutert die Zahl Elf

Plakat: Alle 11 Minuten verliebt sich ein Single über PARSHIP

Blonder Mann: Läuft diese Kampagne nicht schon ewig? Wäre sie erfolgreich, müsste es doch allmählich heißen, dass sich alle 10 oder 9 Minuten ein Single verliebe...

Neunmalkluger: Das würde den Erfolg mindern. Aufgrund ihres doppelten Bezugs zur Freizeitkultur – Fußball und Karneval – ist die Elf die zur Zeit werbewirksamste aller Zahlen. Beachte bitte auch die mittlerweile an die 250 Ausgaben umfassende Buchreihe „111 Dinge, die man in X gesehen haben muss". 111 Fotos auf mittlerem Amateurniveau, dazu 111 zusammengegoogelte kleine Info-Texte, und die Kassen brummen wie geschnitten Brot, und das schon seit elf Jahren.

BRUMM!

BRUMM!

Gedanke: Ob man dem Brummen ein Ende bereiten kann, wenn man das Schnittbrot mit Streichkäse traktiert?

Bewältigung von Besonderheiten

Panel 1: Äußerst delikat, diese Krautwickel. Kaum zu überbieten! Hut ab vor der Küche! Alles unbemeckerbar!

Panel 2: **Verdammt!** Ich muss mal. „Ich muss mal" sollte man niemals sagen bei Tisch, aber wie heißt es noch in jenem alten Volkslied? Die Gedanken sind frei.

Panel 3: Ich hasse es, während des Essens Stuhldrang zu verspüren! Es ist einfach unschön, nach gewissen notwendigen, aber letztlich doch unappetitlichen Vorgängen zum Tisch zurückzukehren und weiterzuessen, als wäre nichts geschehen.

Panel 4: Ich esse einfach **ganz schnell** auf und gehe dann erst zum WC! So wahre ich mein Gesicht und damit auch die Form.

Panel 5: (isst hastig)

Panel 6: So! Jetzt aber! Frisch ans Werk! Zusammenkneifen, ade! TOILETTEN

Panel 7: Ach so. Das ist hier für LGBTQ-Leute. Da darf **ich** nicht rein. **Dürfte** wahrscheinlich schon. Aber man will ja niemandem bei der Bewältigung seiner Besonderheit zu sehr auf die Pelle rücken. (WC RESPEKT)

Panel 8: Komisch. Besonders LGBTQ sieht der nicht aus. Man sieht's eben nicht jedem an.

In den USA heißen ja heimliche Homosexuelle „closet gays". „Closet" heißt aber Schrank, genauer gesagt Wandschrank, Einbauschrank. Dies sollte wissen, wer in die USA reist.

Wenn das mal nicht die Frau von der „Wäscherei Picobello" ist! Die ist doch keine Wandschrank-Lesbe. Die hat einen Mann und drei dicke Kinder! Die loungen manchmal vor der Wäscherei herum.

LOUNGEN, LUNGERN, ABHÄNGEN, CHILLEN, AUF DIE WERKTÄTIGE MUTTER WARTEN – WIE AUCH IMMER MAN ES NENNEN MÖCHTE.

Ich setze mir mal die Brille auf.

Jui! Da bin ich aber erleichtert.

Wieso kommen aus der defekten Toilette andauernd Leute?

Was stellt das Leben mit mir an? Ist das der erste Schritt ins Nebelreich?

Ruhig Blut. Ich setze mir jetzt mal die **ganz starke** Brille auf! Die für CD-Booklets.

Ach, das ist gar kein Klo hier, sondern eine Konditorei für korrektes Konfekt ohne Transfette, Palmöl, Gentechnik und so weiter! **Hahaha!**

Zur Toilette die Treppe runter!

NACH VOLLZUG DES VERZÖGERTEN STUHLGANGS

Ein tolles Erlebnis. Leider kann man es niemandem erzählen.

Die Leute würden sagen: Das klingt so ausgedacht, so gewollt, so konstruiert. Was schon bei Fantasieleistungen ein schlechter Einwand ist.

Doch der Realität vorzuwerfen, sie würde gewollt und ausbaldowert rüberkommen, ist an Torheit kaum zu überbieten.

So rauschen die Zauberhaftigkeiten des Lebens ungewürdigt an den Menschen vorbei.

Fand ich schon immer schade, dass sie sich für nichts interessieren. Müssen sie halt weiterhin nach Thailand fliegen.

Die Firma "Falke" führt jetzt "Energizing socks" für Flugreisen.
DIE SOLLTEN MAL LIEBER SITZPLATZ-VERGRÖSSERUNGS-SOCKEN ANBIETEN.

A PERFECT WEEKEND IN BERLINO / BERLIJN / Берлин

My weekend plans for Berlin: Sitting in front of a "Späti", eating a bowl of "Aufeinandergeschmissenes", go to "Klunkerkranich", happy dancing without fucking an ugly "schöngetrunkene" person afterwards.

7 TAGE SPÄTER

How was your trip to Berlino / Berlijn / Берлин?

Well, I had some "Aufeinandergeschmissenes" and unmemorable sex with a "Schöngetrunkene".

That's so Berlino / Berlijn / Берлин!

1. Schwangerschaftsvertretung

Als ich überlegte, wie meine Schwangerschaftsvertretung aussehen sollte, dachte ich: Genau wie der!

Was haben Sie denn da für einen Napf?

Dieser Napf enthält ein Apfelessig-Spüli-Gemisch, welches den Zweck hat, Fruchtfliegen **dingfest** zu machen.

Darf ich Sie mal knuddeln?

Zu welchem Zweck?

Wegen des Wortes „dingfest". Ich will Ihnen einfach zeigen, wie sehr mich Ihr Sprachgebrauch rührt.

UND SO...

Och, ist das schön!

Das sollten auch wir nicht übersexualisierten Menschen hin und wieder tun!

Eh!

Aber wenn man zu viel knuddelt, kann es zu Reaktionen kommen, die man dem Umarmungspartner eigentlich nicht zumuten möchte.

Sie meinen im Zwischenschenkelbereich?

Ich mag Ihre dezente Sprache.

Ja, wenn das so ist, wollen wir das Wort „Analverkehr" auch in Zukunft vermeiden.

Eh.

2. Bier tötet die Heiligkeit

PARENTAL GUIDANCE SUGGESTED — **PG** — **SOME RUDE HUMOR**

— Guck mal, der Engel von Engelhardt-Bier: **STRAMME SCHENKELCHEN!**

— Wenn du einen Engel von hinten nimmst, kannst du deine Popel an seinen Flügeln abstreifen.

HIER NUN DIE "PARENTAL GUIDANCE"

— Ja, du musst wissen, Kind, Engel existieren ja nicht wirklich. Das heißt also, wenn jemand einem Engel gegenüber „unangemessen" auftritt, dann merkt der Engel das ja nicht, weil es ihn ja gar nicht gibt.

— Und die Popel muss man ja irgendwo hintun. Das weißt du doch wenn du morgens aufwachst und deine Nase ist voller Borken. Dann tust du deine Popel doch auch an die Nachttischlampe.

— Und der Engel hat keine Nachttischlampe? Und der Mann, der das Bier trinkt, auch nicht?

— **Doch**, der Engel hat **auch** eine Nachttischlampe. Und der Mann auch. Nur ...

— **Frank!** Der Forderung „Parental Guidance" haben wir Genüge getan. Lass uns zum „Jump House" fahren!

"Kennen Sie etwa unverkrampftere Arten, mit dem Problem der schwindenden Lebenszeit umzugehen?"

Panel 1:
- "Sie haben da einen Fleck!"
- "Seien Sie doch nicht so **überdeutlich**! Ich habe halt eine Wurst gegessen vor einer guten Dreiviertelstunde."

Panel 2:
- "Wer klein ist, muss deutlich sprechen."
- "Wer klein ist, sollte lieber seine **Schnauze halten**!"

Panel 3:
- "Wollen Sie mich etwa einschüchtern? **Sie**?"
- "**Sie?**"

Panel 4:
- "Sie verunsichern mich!"

Die jungen Frauen in ihren engen Hosen stellen durchaus auch eine gewisse sexuelle Belästigung dar. Kein Mensch hat jemals um diesen aufdringlichen gynäkologischen Nahanschauungsunterricht gebeten.

Ist das von Karl Lagerfeld?

Nee, von **mir**.

Schade! Wenn's von Karl Lagerfeld wär, wär's witzig.

Die **mausetote Stille** des 1. Januars. Wie kann man ein Jahr nur so **elanlos** beginnen lassen? Dann die Februarlangeweile und die Märzstagnation, ganz zu schweigen von den ewig gleichen „Überraschungen" des Aprils. Dann der **Lügenmonat Mai** mit seinen Liebesversprechungen, die niemals eingehalten werden. Und wie lange dehnt sich dann der grauenhafte Hochsommer mit seiner Achselnässe und seinen Freizeitbewältigungszwängen! Der September ist eigentlich okay, doch bereits im Oktober geginnt man sich vor den **cellodurchgrummelten Gedenktagen** des Novembers zu fürchten, obwohl das ja nachgelassen hat mit der klassischen Musik in den letzten 30 Jahren. Dann das **billige Geglitzer** der Weihnachtszeit. Und nach dem allerschlimmsten Quatsch des Jahreskreises, der grausigen Silvesterböllerei nämlich, muss man sich auch noch vor den schaurigen David-Bowie-Geburts- und Sterbejubiläen fürchten. Und die ganze Zeit weiß man: Irgendwann stirbt man selber – dieses liederliche, lächerliche Äffchen namens „man selber".

Alles eine Frage der Einstellung!

Sind Sie **bekokst** oder **Christ**?

Milde christlich und kaum bekokst. So könnte ich meine Biografie nennen: **„Milde christlich und kaum bekokst"**. Sie als gramgebeutelte Erscheinung würden Ihre vermutlich anders nennen. Ihre Kaffeetasse finde ich übrigens klein. Zu sagen „zu klein", würde ich mir nicht anmaßen. Zu klein zum Leben, zu klein zum Sterben? Kann ja keiner wissen. Mir genügt es festzustellen, dass Ihre Tasse klein ist.

Sehr klein übrigens.

Zum TEUFEL mit den Grenzen?

ALTER AUFKLEBER

ZOLL HAT ZUKUNFT

JUNGE LEUTE

– Halbwegs verzehrbar, dieser Bowl-Fraß!
– Wird halt alles aufeinandergeschmissen!
– Braucht man kein qualifiziertes Personal!
– Logisch. Es gibt immer mehr Gastronomie und immer weniger Köche.

– **Bowls** sind ein widerliches neoliberales Gastro-Konzept!

Löbliche Erkenntnis, Dicker. Aus dir spricht der werdende politische Food-Blogger. Guter Karriereplan, finde ich.

– Find ich auch. Ich hingegen gründe ein Start-up in einem vollgeschmierten Szeneviertel!

Auch nicht schlecht, mein Schnuffel. Ist durchaus möglich, dass in vollgeschmierten Szenevierteln noch einige Jahre lang was läuft. **Und du, Finn?**

– **Ich gehe zum Zoll!**
– Nee, Finn!
– Nicht wirklich!

– **Aber ja doch!** Der Bücherschrank meiner Großeltern entfachte diese Leidenschaft schon früh in mir!

Fahndung nach Haschisch — GÜNTHER BAJOG

Schon mit acht hatte ich unter der Bettdecke regelrechte Beschlagnahmungsfantasien!

– Doch nicht etwa der Uniformen wegen?

Nein! Weil's ein anspruchsvolles Tätigkeitsfeld ist, weil ich immer Hunde und Ziegen mochte und — weil ich den steigenden Bedarf spüre.

NUR MAL SO ZWISCHENDURCH: SCHNEIDER IST AUCH EIN ANSPRUCHSVOLLER BERUF. IN DEN MERKEL-JACKEN SOLLEN Z.B. BIS ZU VIERZIG ABNÄHER SEIN!

Könnte schon sein, dass der Zoll eine Zukunft hat.
Das sollte man nicht leichtfertig von der Hand blasen!
Es gibt auch Leute, die ein **Sex-Faible** für stramme Zöllner haben.
FÜR DIE GIBT'S EXTRA WEBSEITEN.
ZOLL
ZOLL
GAY VIDEO AWARD
Es gibt auch Fotogalerien für Leute, die auf abgehetzte Lieferfraß-Lieferanten stehen.
In echt, Mann? Das guck ich mir an!
NICHT IMMER GLEICH ALLES NACHGUCKEN! SICH EINFACH MAL WAS VORSTELLEN!
POKE
POKE
POKE
BREXIT
POKE
ZURÜCK AM TISCH
Süß, der Springteufel. Hab mich schon immer gefragt, was in den Würfeln drin ist. So viel Aufeinandergeschmissenes kann doch kein Mensch fressen.
Manchmal ist in den Würfeln vielleicht auch ganz was anderes enthalten.
Mittel zur bakteriologischen Kriegsführung zum Beispiel.
Das würde unter Umständen mein Tätigkeitsfeld als Zöllner berühren.
Aber die Fraßlieferanten überqueren doch keine Staatsgrenzen!
Noch nicht!

"Ihre Schnürsenkel sind auf!"	"Ihr Rucksack ist auf!" — "Danke."
"Sie haben sich die Zigarette verkehrt herum angezündet!"	"Ihr Galanteriedegen steht kopfüber!"
"Sie haben sich Ihr maßgeschneidertes Oberhemd mit Zahnpasta bekleckert!"	"Mir ist, wie einst Thomas Mann schrieb, als ob mir etwas zu **entschlüpfen** begönne."

> DA! UNSER IDOL! DER MEISTER DER LASCH GEHANDHABTEN PRINZIPIEN!

RÜLPS!

Wer kann sich's schon verkneifen?

Ich hätte anzubieten: Winston Churchill, die Moosgesellschaften des Nationalparks Harz, „Extinction Rebellion" und die u.a. durch ihre langen Schals bekannte Tänzerin Isadora Duncan, die ums Leben kam, nachdem sich ihr Schal in den Radspeichen ihres offenen Wagens verfangen hatte.
Ganz berühmte Geschichte!
Sie wurde also von ihrem Schal erwürgt?
Eben nicht! Sie wurde auf die Straße geschleudert! Ist das nicht spooky? Vom eigenen Schal auf die Straße geschleudert?
Gibt's davon Fotos?
Glaube nicht.
Was mich nervt, ist, wenn sie die Tassen so voll machen! Und zu heiß ist der Kaffee auch.
Da kenn ich einen Trick, den meine Großeltern praktiziert haben.
Wow, gern.
WENN DER KAFFEE ZU HEISS WAR, HABEN MEINE GROSSELTERN IHN AUS DER TASSE SCHLUCKWEISE AUF DIE UNTERTASSE GEGOSSEN ...
... UND VON DER UNTERTASSE ABGESCHLÜRFT.
Ich mag so altes Zeug! Tradition, Handwerk, Siezen, Reparieren. Es geht uns gerade so viel verloren! Kommen Sie, das machen wir auch so!
Gern! Ich mach auch gern altes Zeug, insbesondere mit jungen Leuten.
SLURP!
SLURP!
Jetzt müsste **ich** mal zum WC.
SLURP!
Gehen Sie nur! Damit Sie auch mal wissen, wie das ist.

Panel 1:
SCHMATZ
SCHMATZ
SCHMATZ
SCHMATZ

Panel 2:
In die Achselhöhle schmatzen, bitte!

Panel 3:
Why do Germans always try to educate other people?

Because they're **successful** with it. Look and listen!

Panel 4:
SCHMATZ SCHMATZ SCHMATZ
SCHMATZ SCHMATZ SCHMATZ

HINWEIS
Mit Betreten des Zoos erklären Sie, dass Sie weder an laufender Nase, Halsschmerzen noch unter Engegefühl leiden.

HINWEIS
Zookasper muss weiterhin entfallen

HINWEIS
Gorilla Lena ist an Krebs gestorben

ALLE TIERE VON AASGEIER BIS ZEBRA

HINWEIS
In der Wattvogelanlage sowie im Streichelzoo gibt es eine Einbahnregelung.

SOSO...

ZOO OHNE AAL!

FRAGEN

Herr Pfarrer, Herr Pfarrer! Welchem Zweck dient unser Dasein? Warum wandeln wir auf Erden?

Weil... Weil äh...

Weil... *Er weiß es auch nicht!*

Doch! Weil wir an Kopf und Kragen spüren wollen, wie nah wir am Leben in seiner rumorenden Eigentlichkeit dran sind, weil wir unser Ding drehen wollen im Bewusstsein unseres eigenen individuellen kosmischen Kreislaufs, weil wir uns unseren inneren Gewalten ausliefern wollen, bis wir morgens, gebadet im Schweiß freudiger Erwartung, aufwachen und rufen: Hey, ich bin ein spirituelles Wesen, eine Wesenseinheit mit der Gottesidee.

Wir sind Moos. Eigentlich ja Moses. Doch sage ich ganz bewusst: **Moos.**

Moos im Garten einer strahlenden Gemeinsamkeit.

Haben Sie sehr schön gesagt! Wir mögen Leute, die mit Sprache umgehen können. Mögen wir wirklich. **Ohne Ironie!**

Wollen Sie sich nicht mal in meiner Kirche umschauen? Wir bevorzugen Gotteshäuser mit markanteren Architektur-Features.

Weil wir Foto-Freaks sind!

Meine Mutter hat mal so eine Art Preis bekommen, weil sie Insekten und irgendeine Kirche in Südfrankreich fotografiert hat.

Wie hieß die Kirche? **Keine Ahnung.** Ist ewig her. Meine Mutter ist leider auch schon verstorben.

Ist immer super-ekelhaft, wenn ein Angehöriger stirbt. Wollen Sie vielleicht in meinem Garten ein Stück Streuselkuchen essen?

Können wir doch machen! Das Museum für südostwestfälische Spiralkunst macht ja erst um 15 Uhr wieder auf.

Haben Sie den selbst gebacken?
Nein, der ist gekauft.
Gekauft, dann drei Tage rumliegen gelassen, dann eingefroren, dann wieder aufgetaut, dann erneut drei Tage rumliegen gelassen und dann den herumstreunenden Besuchern angeboten?
Mensch, Florian! Wir sind hier zu Gast!
Ist schon in Ordnung! Mein Dienst ist nicht das Kuchenbacken, sondern die Gottesanbetung.
Meine Mutter hat nicht nur Kirchen fotografiert, sondern auch Insekten. Ich habe neulich 23.000 von ihren Kirchen- und Insektenfotos auf mein Smartphone geschickt bekommen.
Na klar. Stichwort: Digitales Testament.
Das ist eine Gottesanbeterin. Die macht doch was her.
Allerdings. Ihre Mutter war wahrscheinlich auch nicht übel.
Könnte sein. Und hier kommt das Gottesanbeterinnen-Männchen.
Soweit ich es aus den Tierfilmen kenne, frisst die Gottesanbeterin das Gottesanbeterinnen-Männchen.
Lieber Herr Pfarrer: Ich meine, allein dieses Wort: Gottesanbeterinnen-Männchen! Verringert nicht allein dieses Wort Ihr Zutrauen in die derzeitige, teilweise ja auch von der Kirche mitgetragene feministische Staatsdoktrin?
Oh! Die Frage ist krass, aber klasse.
Ich bin immer interessiert an dieser Art von Fragen.
Ja. Haben wir uns gedacht: Gehen wir mal zu einem kompetenten Typen, der an dieser Art von Fragen interessiert ist.
Genau das haben Sie dann ja auch gemacht.
Ja. Haben wir.

STÖRUNG

FRÜHER ABEND. EIGENHEIM. BAD OLDESLOE. PAUL THOMAS ANDERSON LÄSST SCHÖN GRÜSSEN. ODER WES ANDERSON?

PLÖTZLICHKEIT ÜBERFÄLLT DIE EHE.

DRRRT!

— Besuch? In der Abenddämmerung?
— Hat die bekloppte Frau Steinmann wieder Kaffeekapseln bestellt, die bei uns abgegeben wurden?
— Wüsst ich.
— Wir sind's!

— Ihr kennt uns wohl nicht mehr!
— Die Sauerländer! Aus Attendorn!
— Langsam kommt's mir! Wir haben uns doch in Berlin kennengelernt! In dem Lokal! Wie hieß das noch?
— Checkpoint Charlie.
— **Das ist doch kein Lokal!**
— Das Lokal hieß „Alte Frau"! Nee, warte mal: „Alte Wirtin" hieß es.
— „Dicke Wirtin" hieß der Schuppen!

— Da war dieser witzige Kellner mit diesem **extremen Zwirbelbart**, so wie der Horst Lichter, der immer gesagt hat: „Ein Riesling für den Fiesling." Und da haben wir Adressen ausgetauscht.
— Eigentlich nur E-Mail-Adressen. Aber ist gehupft wie gesprungen.
— Das ist richtig süß, dass ihr mal vorbeischaut nach all den Jahren.
— Hätten wir nie zu hoffen gewagt.
— **Mensch, kommt rein!**
— **Geht leider nicht!** Wir müssen sofort weiter.
— Wieso das denn?

Schwerer Todesfall im Bekanntenkreis. **Ganz schwerer Todesfall.** Drüsenkrämpfe. Multiples Organversagen.
Erspart uns – **bitte!** – weitere Details!
Kerstin, wir sollten diese Menschen nicht mit unseren privaten Kümmernissen überfordern!
Ach Quatsch, überfordern! Kommt doch rein und erzählt! Wir können das Licht dämpfen. Thorsten hat einen Dimmer eingebaut. Der funktioniert richtig gut!
BU-HU-HU
Will mich nicht selber loben, aber das stimmt: Der Dimmer funktioniert einwandfrei und picobello.
Hörst Du? Sie haben extra für uns einen Dimmer eingebaut. Vielleicht sollten wir doch ...
Eigentlich nicht direkt für euch, sondern ...
Sondern für wen?
Na, vorsorglich. Für Fälle, wo man gedämpftes Licht bevorzugt. Bei traurigen Themen.
Merkst du eigentlich nicht, was hier gespielt wird?
Hier wird nichts gespielt.
Oh doch! Diese Leute wollen ihren Dimmer an uns ausprobieren.
Wir gehen!
ABMARSCH
Nach Berlin fahren wir nie wieder! Man setzt sich in eine Gastwirtschaft, spricht arglos mit anderen Leuten, und Jahre später wollen einen diese Leute ...
... als **Versuchskaninchen** für ihren selbstgebastelten Dimmer missbrauchen!
WEG SIND SIE.
Berlin! Das hat man davon.
Das Fernseherkabel steckt nicht in der Steckdose! Die Putzfrau.
Wen stört's?

Schaumbad, Käse – alles wie immer. Doch etwas fehlt mir heute.

Herr Schneider, bringen Sie mir bitte ein junges Mädchen, das Lobpreisungen aufzusagen versteht!

Sehr wohl.

SCHON IST ES DA!

Ob Dahlem oder Blankenese
Gebadet wird nicht ohne Käse
Wer Taler hat und nicht nur Groschen
Schließfächer voll Kies und Broschen
SUVs gleich drei hat vor der Türe
Wes Konten wachsen wie Geschwüre
Wer wöchentlich die Laken wechselt
Nicht berlinert und nicht sächselt
Laufbahnmäßig scharf herausragt
Die „Abgehängten" huldvoll ausfragt
Im Garten hat die höchste Tanne
Der hat auch Käse nah der Wanne

Hast du gut gemacht! Lass dir in der Küche ein Glas Buttermilch geben!